Praise for

GLEB SHULPYAKOV

"'Communism,' as Sartre said, was 'the unsurpassable horizon of our time.' That was a while ago. When the horizon opened, as this book, *A Fireproof Box*, suggests, the observent person would see the outlines of the 19th century all the way to Chekhov across the burning relics of war and bigotry. The poet sees a landscape he can recognize way back then. But he himself has been stripped of a context in the empty contemporary now. He is picking his way along using the balance stick of lyrical language to describe what he sees, including the derricks of Albert Nobel. These poems are fresh, thoughtful, open, thanks to the translator's sensitivity to them."

—Fanny Howe

"Gleb Shulpyakov is a poet of infinite versatility. Intellectually alive to what he experiences, he has the rare ability to make readers feel comfortable in the presence of the poem. We get the feeling he is one of us, but isn't afraid to say what he sees in places where we might not look. Technically, he is one of the most competent poets of his generation writing anywhere in the world; the specificity of his language along with its figurative twists and turns, its mixture of registers, is caught precisely by Christopher Mattison in his sculpted translations. Shulpyakov is not only the inheritor of a great tradition and anti-tradition of Russian poetry, but also a new internationalist who understands the value of the local, of the immediate. This poet will mark his time. He is one of the handful of poets writing now I would confidently term 'a poet of genius'."

—John Kinsella

A FIREPROOF BOX

GLEB SHULPYAKOV

TRANSLATED FROM THE RUSSIAN BY
CHRISTOPHER MATTISON

CANARIUM BOOKS
ANN ARBOR, BERKELEY, IOWA CITY

SPONSORED BY
THE UNIVERSITY OF MICHIGAN
CREATIVE WRITING PROGRAM

A FIREPROOF BOX

Canarium Books
Ann Arbor, Berkeley, Iowa City
www.canariumbooks.org

The editors gratefully acknowledge the
University of Michigan Creative Writing Program
for editorial assistance and generous support.

Cover: *Moscow, Russia*,
used courtesy of NASA, Visible Earth.
http://visibleearth.nasa.gov/

Design: Gou Dao Niao

First Edition

Printed in the United States of America

ISBN 13: 978-0-9822376-7-0

CONTENTS

A POINT OF VIEW:
ON THE POETRY OF GLEB SHULPYAKOV

Once during a private conversation, Joseph Brodsky remarked that poetry is a form of slow reading. I believe what he meant was that an increased degree of attention—compared to other forms of art—is required of the poetic text.

Gleb Shulpyakov is one of the brightest representatives of the new poetic generation, and his poetry is definitive evidence of Brodsky's notion. Shulpyakov's work, first of all, is based on a slow and microscopic reduction of scale that allows him the opportunity to utilize lyrical metaphor, making us aware of the extraordinarily keen vision of his observations.

His poetry is the product of an amazing capacity for observation, an ability to bring together such ephemeral and elusive things as lyricism and perceptiveness. The allusions that arise when reading his work are but one possible form of their existence; Shulpyakov's writing contains aspects that are rare in contemporary poetry: a psychological sensitivity and wit of vision that is increased by a certain calm, unflappable lyricism, and an exactingly dynamic technique.

While his poetry is undoubtedly born from culture and reading, the work avoids slipping into the realm of the overly literary, seen in the writing of so many contemporary poets. It always passes through the world of real objects, behind which stands the true lyrical autobiography of the poet. There is no lyrical hero in his verse—only a documentary or biological copy of the author.

Reading his work, I frequently find myself envying its neutral tone—in particular the fact that he never tears at his garments or resorts to bombastic language; he speaks evenly and precisely, his voice never breaking. This seems to me a particular achievement, an innovation, as sooner or later our Russian poetry always seems to falter into emotional outbursts and hysterics, which is never beneficial for poetry.

Another original aspect is that he never resorts to buffoonery and his poems are devoid of obvious irony. There is a trace of skepticism, a perceptible minimalism, and a wry smile. These things taken as a whole convey the originality of Shulpyakov's poetry, an art of anti-extremism.

Shulpyakov is a master of auto-psychological precision, and psychology plays a vital and constant role in his writing. There are very few examples of contemporary work that use his particular form of unobtrusive psychology, which makes it even more intriguing to me. In this case, there is the thinnest of threads linking him to Brodsky, although Shulpyakov writes on altogether different material. He does see the boundary marker that Brodsky set into the soil of our poetry. He keeps it in mind, as it would be ridiculous to ignore it; looking backwards is always appropriate, most of all in creative matters; it has always nourished poetry.

This is the poetry of a person who first of all understands the value of existence, of the spiritual richness of existence which can descend upon any person: a landscape, smoking a cigarette, solitude, cultural allusions, possibly even despair. He is surrounded by a world that consists of a finely wrought inner and outer vision. Shulpyakov's poetry strives for this balance between inner and outer. What strikes me first upon reading him is his fulfilled melancholy, his way of dissecting fact, detail, mood and emotion, and that these are created by a cultured and sensitive individual. Shulpyakov's poetry arises from this junction of culture and real life.

Beneath these poems invariably lies some real event, but there is more than just that event. There is also real feeling, emotion, the soul's movement that has brought forth these lines.

For me his poetry is primarily an act of reading, and here we return to the beginning, for these poems are the very slow form of reading that poetry requires. This is poetry of the eye and the soul, of events and the soul, of culture and the soul. I add "soul" here because Shulpyakov avoids all extravagances. This is a poetry of inner life and vision that takes responsibility for its own words. It consists of sudden detonations, images, and imprints of what takes place at the junction of the human soul and intellect, of that which is destined to become poetry.

—Evgeny Rein

FLICK

. . . . с чёрного хода в литературу,
где канделябры, паркет и булавки.
"Взял себе в жены какую-то дуру".
"Да, но с глазами любовницы Кафки".

Выучил русский только за то, что
"драли буксиры басы у причала".
"Где-то читал, но не помню, где точно".
Вспомнил под утро, покуда светало.

И от бессонницы, от недосыпа,
от "выходить", "я", "один", "на", "дорога"
утром приснилась сушеная рыба,
очень похожая в профиль на Блока;

схема вагона, где ехала Анна
и разновидность прически у Эммы,
позже пригрезилось дуло нагана
из неоконченной Блоком поэмы

и замелькали поля и сугробы,
и запивали "Московскую" пивом.
"Русский художник стремится в Европу"
"Да, но кончает, как правило, Склифом".

"Остановите, мне зябко и страшно!
Перепишите последние главы!"
И белоглазая девка в Калашном
с легким акцентом читает "Полтаву". . .

* * *

. . . . through the back door into literature
somewhere candelabra, parquet floors and pins.
Took a sort of fool for a wife.
But with the eyes of Kafka's lover.

Learned Russian only so that
basses bawling tugboats at the mooring.
Read somewhere, but not remembering where, exactly.
Recalled toward morning as it grew light.

And from insomnia, from lack of sleep,
from *Leaving, I, alone, on, the road*
a dried fish appeared in morning dreams,
quite similar to the profile of Blok.

A sketch of the rail car where Anna rode
and the plethora of Emma's hairdos,
later a dream of a revolver's muzzle
from an unfinished lyric by Blok

and fields and snowdrifts shimmering,
vodka and beer thrown back.
Russian artists aspire to Europe
But end up, as a rule, at Sklif's.

Stop, I'm frozen and afraid!
Rewrite the final chapters!
And a white-eyed girl on Kalashny
reads with a slight accent *Poltava* . . .

* * *

Я о том же, я просто не знаю, с чего мне начать,
вот и медлю, как школьник, оставшийся после уроков:
"Буря мглою . . .", "Мой дядя . . ." А дома тарелка борща
с ободком золотистого жира и веткой укропа
уж остыла, наверно, и ровно в пятнадцать ноль-ноль
"В Петропавловске полночь" объявит по радио диктор,
а за стенкой рояль: ми бемоль, ми бемоль, ми бемоль,
(видно, был не в себе перед смертью глухой композитор),
и засыпано крошками детство, как скатерть стола,
и в ушанке из кролика кровью шумит голова.

Я о том же, я просто не помню, что было со мной:
на скамейках чернели, как ноты, влюбленные пары,
пахло липовой стружкой, когда я без шапки в ночной
выбегал за бутылкой на угол Тверского бульвара.
Открывал, наливал и читал ей чужие стихи,
и белела простынка, и долго с дивана сползала
на паркет . . . "В Рождество все немного волхвы . . .",
но потом и она, прихватив однотомник, сбежала.
И стучали бульвары, как лодки, весь март напролёт,
и качался бумажный стаканчик, и бился об лёд.

Вот и всё. "Эй, в ушанке!" - "Вы мне?" - "Передай за проезд!"
"Остановка" "Аптека" - "Фонарь . . ." - "А ещё в окулярах . . ."
И зажав, словно бабочку, мятый счастливый билет,
я качусь на трамвае, качаясь на стыках бульваров
там, где небо пшеничного цвета, как снег под ногой,
и песка что ванили на булках за девять копеек.
"Буря мглою . . .", "Мой дядя . . ." . . . а вышло, что кто-то другой,

***

I mean, I simply don't know where to begin,
so I loiter, like a school boy hanging out after school:
Storm in gloom . . . My uncle . . . And on borscht plates
at home with golden rings of fat and a branch of dill
probably already cold, and precisely at 3 p.m.
the radio announces *It is midnight in Kamchatka*
and a piano beyond the wall: mi flat, mi flat, mi flat
(apparently the deaf composer felt unwell before his death),
and childhood is scattered with crumbs, like on a tablecloth,
and blood roars through my head in rabbit earflaps.

I mean, I simply don't recall what was wrong:
turned black on the bench, like notes, a pair of lovers,
the scent of lime shavings when out without a hat
at night for a bottle on the corner of Tverskoy boulevard.
I opened, poured and read to her strange poems,
as the sheet slowly crawled down from the couch
to the parquet . . . *At Christmas everyone's a bit Magi . . .*
then she, grabbing the single-volume, took off.
And the boulevard pounded like boats all through March,
and a paper cup rocked and beat against the ice.

That's it. *Eh, you in the earflaps!*—Who me?—*Cough up your pass!*
Station Drugstore—Lantern . . . And you in the studious glasses . . .
Clutching the lucky, crumpled ticket like a butterfly,
swaying on the tram at boulevard junctions
there, where the sky is wheaten, like snow under foot,
and vanilla sugar on the rolls is nine kopecks.
Storm in gloom . . . My uncle . . . and it turns out someone else

повзрослев на передней площадке, сошел на тот берег.
И не видно в потёмках на том берегу ни черта.
И грохочет трамвай: тра-та-та, тра-та-та, тра-та-та.

grown up at the square entrance fled to the other shore.
And in this darkness the features of that shore are murky.
And the tram rattles on: tra-ta-ta, tra-ta-ta, tra-ta-ta.

* * *

Л.Л.

Вечер, печальный как снег на картине
(поздний Вермеер без подписи, дата
старческим почерком). Посередине
комнаты лампа. В конце снегопада

    слышно, как тикают часики.
    С полки таращатся классики.

Что нам добавить к этой картине:
жаркое пламя в голландском камине?
пару борзых на медвежьей подстилке?
букли? фестоны? пачули? пастилки?

    карту страны на штативе?
    клетчатый пол в перспективе?

Врешь, Пал Иваныч, в старинном камине
нет ничего, кроме угля и сажи.
Если быть честным, камина в помине
нет в этом очень печальном пейзаже:

    так, что-то вроде квартирки
    площадью в две носопырки.

Пьяный хозяин сидит над бумагой,
слушает Наймана, капает влагой
на незаполненный лист.
Вид у него неказист.

* * *

L.L.

Evening, sorrowful as snow in a painting
(late Vermeer, unsigned and dated
in an aged scrawl). A lamp in the middle
of the room. The ticking clock

       is audible at snowfall's end.
       Classics staring back from the shelf.

What can we add to this painting:
a hot flame in a Hollandish fireplace?
a pair of borzois on a bearskin rug?
ringlets? festoons? patchouli? pastels?

       A map of a country on a stand?
       A checkered floor in perspective?

You're lying, Paul Ivanich, nothing's in an ancient
fireplace save coal and soot.
If there's honestly no trace in the fireplace
in this sorrowful landscape:

       So, something like a room
       two nostrils square.

A drunken landlord leans over the paper,
listening to Nyman, moisture dripping
onto a half-filled page.
Homely in appearance.

И ничего из того, что мы с вами
(кроме Вермеера) нарисовали,
кажется, нету вокруг.
Снег по карнизу тук-тук.

Так что представим себе мизансцену:
окна выходят по-прежнему в стену.
Найман пиликает. Хочется выть.
Уголь. Без подписи. Скобку закрыть.

And nothing from which we
(except Vermeer) painted,
seemingly nothing around.
Snow tick-ticks upon the cornice.

An imagined mise en scene:
a window they leave as the past on the wall.
Nyman plucks. Wants to howl.
Coals. Unsigned. Closed parens.

* * *

В тишайшем городке с печальной лужей
на площади, где памятник тирану
с протянутой рукой свалил бы в лучший,
но лучший мир теперь не по карману,

в старинном городке, где звон бидона,
и штукатурка шелестит от ветра
"Вы, что же, прима?" — "Нет, скорее Дона,
которая на сцене овдовела".

Покойника, обутого в штиблеты,
по улице заносят в рай ногами:
"Послушайте, вы верите в приметы?"
"Я верю, но не слишком понимаю . . ."

Трехцветный хлястик плещется на шпиле,
петляет речка, заключая в скобки:
"Ну как вам наш спектакль?" — "Вы забыли,
что мы на "ты" — "Уж очень он короткий".

"Три до театра, восемь до вокзала.
Тебе пора, иди" — "Я не успею".
А после, завернувшись в одеяло,
всю ночь смотрела мне куда-то в шею.

И розовело облако в окошке,
совсем как на картине у Сезанна,
была герань и, кажется, две кошки.
А вечером играла Дону Анну.

* * *

A quiet little village with a mournful puddle
in its square, where the tyrant's monument
stretches his arms towards a better world
though this better world is no longer affordable,

in an ancient little town, with the tolling of cans
and plaster rustling in the wind—
"What are you, prima?"—"No, Doña Ana,
widowed on the stage."

The deceased, fitted in boots, carried
down the street with feet pointing to paradise:
"Listen, do you believe in omens?"
"I believe, but don't really understand them . . ."

A tri-colored half-belt splashes across the spire,
a creek weaves, enclosed in parens:
"So, what did you think of our show?"—"You've
already forgotten, that 'we' are 'you'—It's quite short."

"Three to the theatre, eight to the station.
You'll have time"—"I'll never make it."
Later, wrapped up in a blanket,
she stares towards my cheek the whole night.

Clouds grow rose-colored in the window,
like a painting by Cezanne,
there was a geranium and, I think, two kittens,
and in the evening she played Doña Ana.

И что в дверях она ему сказала?
свой номер телефона? время дня?
Три до театра, восемь до вокзала.
И шепотом: "Не забывай меня".

But what did she say to him in the doorway?
her telephone number? the time of day?
Three to the theatre, eight to the station.
And whispered: "Don't forget me."

* * *

Как Суворов пехоту в классический город,
перебив звонарей, я веду в этот стих
мой вокзал, где темно от владимирских бород
и торговку с охапкой убитых гвоздик.

Это жмых на снегу, а не рифма хромает
и язык заплетается после второй.
Пассажиры, уткнувшись в газеты, читают
и забытые вещи уносят домой.

Снова мусор не вывезли и лёд не сколот,
снова *лодка колотится в сонной груди.*
От Москвы до Подольска в такую погоду
никакой пастернак не отыщет пути.

Кода

Где тебя, милый друг, носят черти?
Возвращайся скорее домой:
в нём *шинкуют, и квасят, и перчат,*
и Суворов готовится в бой.

Мы покурим травы, посудачим —
в доме хохот и стёкла звенят —
хорошо в эту осень на даче.
И гвоздику кладут в маринад.

* * *

Like Suvorov's infantry intercepting the warning
bells in a classical city, I drive into this verse,
my station dark with beards from Vladimir
and a street vendor with her arms full of dead carnations.

This oilcake in the snow and not the rhyme is the reason
for limping, why tongues falter after the second couplet.
Passengers burying heads in newspapers read
and bear home abandoned items.

The trash hasn't been picked up, the ice not scraped,
again *a boat beats against the drowsing chest*.
From Moscow to Podolsk no pasternak could find
the way through such weather.

Coda

Where the hell, dear friend, are they carrying you?
Hurried home in which:
they do pepper, pickle, and shred,
and Suvorov prepares for battle.

We'll smoke some grass, gossip—
guffaws and jingling glasses in the house
it's been a good winter in this dacha
and cloves are put in to stew.

Лес хохочет, опущена роща,
тот же гомон и смех вдалеке.
Всё, Борис Леонидович, проще
и теряется в березняке.

The woods guffaw, groves covered
by the uproar and distant laughter.
Everything, Boris Leonidovich, is simpler
and vanished into the birch glade.

* * *

Н.Б.

1.

Третий день в наших краях дует весенний ветер,
снег становится чёрным, как старые доски.
Выходя из трубы, дым поворачивает на север
и мучительно долго плывёт, набирая вёрсты.

Ты заметил, что в марте всё кажется слишком длинным
и холодным, и даже окна выглядят уже.
Что это, сосны? Да нет, милый мой, это опять осины.
И пока ждёшь автобус успевают замёрзнуть лужи.

Отправляйся пешком, мимо овощного рынка,
где торгуют хохлы и грузины, а ночью - крысы.
Захрустит под ногами стекло, но не жаль ботинка:
далеко до лета, но ведь дом всё равно - близко.

Дальше дом №3 по Песчаной, поворот направо,
двор, где пахнет котлетами и берёзовым соком.
Видишь, на скамейке пьёт москвовед Панкратов?
Это значит сезон открыт - наливай по полной.

Поболтай с ним о новоделах и двигай дальше.
Скоро станет совсем темно, да и руки мёрзнут.
Как лимонная косточка, под окном Наташи
Прорастает месяц. "Кто там?" - "Не поздно?"

* * *

N. B.

1.

A spring wind blowing for three days,
snow turns black as an old chalkboard.
Smoke curls out from pipes to the north
floating endlessly, covering versts.

You've noticed that everything in March seems drawn
out and cold, even the windows begin to narrow.
What are these—pines? No, my dear, more aspens.
Puddles around you freeze waiting for the bus.

Setting out on foot, passing by the vegetable market,
where Ukrainians and Georgians work all day, and rats all night.
Glass crunches underfoot, but I'm not worried about my shoes
so far from summer, it doesn't matter—home is near.

Further on at Building No. 3 stay right along Sand Street,
a courtyard steeped in cutlets and birch sap.
See Pankratov, that historian of old Moscow, drinking on the bench.
A sign that the season has begun—fill my glass to the top.

Chat with him about current events and move on.
Soon it'll be dark and your hands will freeze.
A moon sprouts beneath Natasha's window
like a lemon pit: "Who's there?"—"Am I late?"

На часах девять двадцать, у Наташи гости:
на столе глинтвейн, на тебя смотрят чужие лица.
"Я, наверно, не вовремя" - говоришь, со злости
хлопнув дверью впотьмах. Двадцать один тридцать.

2.

Между тем стемнело, стало больше горящих окон,
абажуры на кухнях - красные, зелёные, голубые.
Разливая чай, женщина придерживает локон
и беззвучно шевелит губами: пироги остыли.

Дальше школа: тёмная, как портфель из кожи.
Днём здесь очень шумно, а вечером, как на кладбище.
Видишь, на фронтоне высечены какие-то рожи?
Это классики: Пушкин, Горький, Толстой, Радищев.

Три ступеньки с торца, дверь, козырёк под снегом -
здесь живёт одноглазый сторож, глядит за садом.
В старших классах говорят, что старик с приветом,
в младших классах считают его пиратом . . .

. . . За коробкой пустырь, его долго обходят с фланга
словно красс-антоний-алкивиад-перикл
гаражи, бытовки, ангары, и торчат как флаги
голубятни, продолжая обход, а точнее - цикл.

Где ты, Ментор, или как там тебя, Арбитр?
Я замёрз и промок, я уже не чувствую шеи!
Небо в звёздах колется, как шерстяной свитер
и не видно конца этой мартовской одиссеи.

It's nine twenty and Natasha has guests:
mulled wine on the table and strange faces peering back at you.
"I probably mixed up the time"—you say, enraged,
slamming doors in the dark. Nine thirty p.m.

2.

Meanwhile it has grown dark, windows have grown hotter,
kitchen lampshades—red, green, blue.
Pouring tea, a woman pulls back a lock of hair
and silently moves her lips: the pies are getting cold.

And further on is the school: dark as a black leather briefcase.
It's raucous all day and a cemetery at night.
See those mugs carved on the pediment?
The classics: Pushkin, Gorky, Tolstoy, Radishchev.

Three steps from the very end—a door, a peak under the snow—
lives a one-eyed watchman who looks after the yard.
The older students think he's a bit cracked and the younger
students believe he's a pirate . . .

. . . behind an abandoned frame, long ago outflanked
as if crass-antony-alcibiades-pericles, garages, construction
trailers, hangars, and the banners of pigeon sheds protruding out,
continue the maneuvers, or more precisely—the cycle.

Mentor where have you gone, or, Arbiter—how are you?
I'm frozen and soaked, have lost all feeling in my cheeks!
The sky pricked with stars, like a woolen sweater,
and there's no foreseeable end to this March odyssey.

* * *

Квартет Шостаковича, № 13. Поставить на "max".
"В такую погоду . . ." - "Да что вы опять о погоде!
Я предлагаю за женщин, за дружбу, за нас!"
"И за гражданские астры в родном переходе . . ."

Квартет Шостаковича, № 14. "Вид из окна . . ."
"Да что вы, ей-богу, опять о московском пейзаже?
Как там, например, в Калифорнии?" - "Там холода
и курево с водкой на гривенник подорожали".

Квартет Шостаковича, № 15. "Давай, наливай".
"Ну наконец-то! Коньяк?" - "Нет, горячую ванну . . ."
"Послушайте, как вас, на "Ш" . . . " - "А потом можно чай"
"Я ухожу" - "Осторожно там, в области Свана".

А все из-за скрипки, которая спелась с альтом!
Ну и климат, конечно, "грачей этих черная стая" . . .
Под квартет Шостаковича баба бранится с ментом
и гуляют вороны, брезгливо по снегу шагая.

* * *

Shostakovich Quartet, No. 13. Crank it all the way.
"In such weather . . ."—"No, not the weather again!
Let's drink to women, friendship, and to us!"
"And to civic asters in our local subway . . ."

Shostakovich Quartet, No. 14. "The view from the window . . ."
"What's with you, my god, why Moscow landscapes again?
What's it like, say, in California?"—"It's cold there,
even nicotine and vodka's up ten kopecks."

Shostakovich Quartet, No. 15. "Come on, let's fill it."
"Finally! With cognac?"—"No, a hot bath . . ."
"Listen, what is your name, "Sh . . ."—"And then some tea."
"I'm going."—"Be careful à la *Du côté de chez Swann*."

And everything's because of a violin, which rehearsed with an alto!
And the climate, of course, "a black flock of these rooks" . . .
Women berating cops beneath a Shostakovich quartet
and crows wander, stepping squeamishly into the snow.

* * *

Л. К.

На фоне моря белый венский стул
и ты—в пейзаже времени упадка
вечерних волн. Рельеф сведенных скул.
И детская песочная лопатка.

Когда ты здесь, то красное вино
идет вдвойне, и горько пахнет солью.
Когда ты здесь, мне все разрешено.
И пляж изъеден солнцем, словно молью.

Закат на море! классика времен
трагедии. И молча глядя в точку
я вижу не тебя, но цвет—и в нем
твой силуэт. И я не ставлю точку

* * *

L.K.

A white Viennese chair sets against the sea
and you—time fades in the landscape's
evening waves. Sculpted cheekbones in profile
and a child's sand-plastered shovel.

When you're here, red wine
flows for two, and the bitter wafts into salt air.
When you're here, everything's made right
as the sun eats away at the beach like moths.

Sunset over the sea! Tragedy's classic
moment. Silently gazing out to a point,
I see not you, but a color—and in it your
silhouette. And this point is not an end.

* * *

написать бы про город, мой город, которого нет,
про ладони твоих площадей в голубиных наколках,
написать бы про то, как бежит под ногами проспект,
и кремлевские звезды горят на рубиновых ёлках,

написать бы про город, мой город, где пахнет хурмой,
и кабинки под вечер, как ртуть, поднимаются в шахтах,
вам какой, мне последний, и чтобы всю ночь за стеной
радиола мне пела о летчиках и космонавтах,

написать бы про город, мой город под розовым льдом
с леденцами твоих куполов, пересыпанных снегом,
я твои переулки разглажу, как фантик, ногтем
и пройдусь до кольца незнакомым тебе человеком,

это луковый спас над бульваром, и книжный развал,
где слова на твоих корешках я читал как молитву,
это машенька в мягкой обложке, метель, котлован,
и поддатый казах за лотком открывает поллитру,

наливает и пьет, отвернувшись к великой стене,
за собрание всех сочинений в холодном подъезде,
и уходит, качаясь, в мой город, которого нет,
рукавом собирая побелку вечерних созвездий,

и сидит он на складе, и пьет он всю ночь свой агдам,
а потом засыпает на книгах великих народов,
и во сне перед ним уплывают на юг поезда,
волоча за собой километры порожних вагонов.

to write of a city, my city, which is no longer
snow covered squares tattooed in pigeon tracks, like on palms,
to write of that, as the prospect races by,
and ruby kremlin stars burn in the fir trees,

to write of a city, my city, where the scent of persimmon,
public lifts rise toward evening like mercury up through glass silos,
which floor?—doesn't matter, I'm at the top—and all night long,
from behind a wall the radiola sings to me of flights and cosmonauts,

to write of a city, my city beneath rose ice,
your candy-colored domes sprinkled with snow,
recalling your alleys, foil wrappers we scored with nails,
as I pass over the garden ring now a complete stranger,

the onion domed savior over the boulevard, and a book bazaar,
where I read the words on your spine like a prayer,
it's *mashenka* in paperback, *blizzard*, *foundation pit*,
and a sauced kazakh behind a stand cracks open a half liter bottle,

pours and drinks, having turned back towards the great wall,
to that collection of books in the frigid entranceway,
and then wanders through that city which no longer exists,
the sleeves of his coat whitewashed by constellations,

and he sits in a depot, and drinks port wine all night long,
then falls asleep on the boxes of great works,
and in the dream the trains sail from him to the south,
dragging behind kilometers of empty wagons.

ACORN

ФЕРРАРА

Храм Святого Георгия на площади Trente Trieste
в дождь похож на разбитый фабричный корпус.
Под кирпичным альковом четыреста фотографий.
Годы жизни кончаются одинаково: 45-й, 43-й, 44-й.
В тот же вечер знакомлюсь на площади со студенткой.
Кое-как приглашаю за столик на рюмку граппы.
Но потом вспоминаю лица на желтой фотобумаге.
Ухожу не простившись один на последний поезд.

FERRARA

The Cathedral of Saint George on the square of Trente
Trieste resembles a worn factory hull in the rain.
Four hundred photographs tucked in a brick alcove.
Lifetimes ended identically: '45, '43, '44.
. . . Picking up a student in the square.
Enticing her over for a late night glass of grappa.
Then recalling the yellowed faces
I dash for the last train with no goodbye.

РИМИНИ

Вот что значит — ждать у моря погоды;
выходить на балкон через каждые четверть часа,
мокрые стулья двигать из угла в угол
и смотреть, как висят над водой грозовые шторы.
Дождь на пляже! скрипят на песке обертки.
Цирк уехал, остались одни ракушки.
Оседлав мотороллер, Феллини уходит в море.
Только море все крутит и крутит свои бумажки.

RIMINI

What it's like to wait for a miracle:
Step out on the balcony every fifteen minutes,
damp stools, moving from corner to corner,
watching storm clouds low over the water.
Rain on the beach. Wrappers crinkling in the sand.
The circus departs and a single shell remains.
Straddling a motor scooter, Fellini drives straight
into the sea, pages twisting and whirling.

БОЛОНЬЯ

Мой детский сон, в котором так темно
и старый шкаф стоит впритык с буфетом,
я вижу вновь на черных галереях,
где пахнет морем каждый мокрый камень.
Болонья! что за сны в твоем комоде
лежат на самом дне, как негативы?
И кто снимал на пленку эти кадры,
где белая фигурка за колонной?

BOLOGNA

In the dim light of my childhood dream
an old cupboard stands flush against a sideboard.
I can see the dark galleys
and the scent of sea on each damp stone.
Bologna! What lies, like negatives, on the dresser
floor in my dream?
And who captured these scenes on film—
white figures behind the columns?

* * *

невысокий мужчина в очках с бородой
на чужом языке у меня под луной
раскрывает, как рыба, немые слова,
я не сплю, ты не спишь, и гудит голова —
значит, что-то и вправду случилось со мной,
пела птичка на ветке, да стала совой,
на своем языке что-то тихо бубнит
и летит в темноте сквозь густой алфавит

*   *   *

a small man in glasses and a beard
unveils me in a foreign tongue,
beneath a moon, mute as a fish,
I'm not sleeping, you're not asleep,
and my head's abuzz—something did
happen to me, a bird sang from a branch,
turned into an owl, muttering softly
in its own language, then flew into the dark
through a thicket of alphabet

* * *

выпускаешь из рук, и бежит по рукам в темноту
эта белая нить, распуская невидимый свитер, —
а на площади рядом с вокзалом слепой какаду
составляет словечки из мелко нарезанных литер;
отыграет мазурка, закончится желтый перрон,
будет ветер гонять по углам голубиные перья —
эта белая нить, что когда-то водила пером,
а теперь запускает на небо воздушного зверя

* * *

you loose a white thread through fingers,
an invisible sweater unfurling—
as a blind cockatoo at the square near the station
cobbles fortunes from scraps of letters;
a mazurka halts, pigeon feathers strewn
across the platform cement
this white thread at one time leading my lines,
now launches a bestial kite in the sky

* * *

в зябких мечетях души бормочет
голос, который не слышно толком,
красный над городом кружит кочет
и притворяется серым волком —
сколько еще мне бойниц и башен?
улиц-ключей на крюках базара?
город ночной бородой погашен
и превращается в минотавра

* * *

in the chilled mosques of a soul
an indistinct voice mutters,
a red cock swirls over the city
pretending to be a grey wolf—
how many more embrasures and turrets?
keys of streets on market bracelets?
a beard dims the city at night
transforming into a minotaur

* * *

как долго я на белой книге спал,
и книга по слогам меня читала,
а розовый скворец вино клевал,
ему вина всегда бывает мало —
как сладко, проникая между строк
ловить ее некнижное теченье
пока во тьме земли копает крот,
мой город-крот, темно его значенье

* * *

how long did I sleep on that white book,
a book which read me syllable by syllable,
while a rose starling pecked at some wine—
there'll never be enough wine for him,
just something sweet, delving between lines,
seizing your unbookish tendencies,
as a mole digs up through the earth's darkness
my city-mole—murky, obscurant

* * *

в мире из множества смежных квартир
я обживаю сквозные проходы,
узкие рамы прозрачных картин,
лестничных клеток железные хорды—
гул затихает, и слышно во тьме,
как осыпаются тонкие стены
тысячелетий, дремавших во мне
. . . . тени

* * *

my world's a construct of adjacent apartments
made habitable by paper-thin halls,
narrow frames surrounding translucent paintings,
iron chords, stairwells,——
as the drone fades, one hears walls
of millennia crumbling in the dark
dozing within me

. . . . traces

* * *

мокрый флаг на великой стене,
своры чаек срываются с неба:
я их видел когда-то во сне,
а теперь очищаю от снега,
на босфоре метель, и суда
голосят в темноте, как цыгане,—
золотую цепочку со дна
заиграли в портовом шалмане,
и бренчит она там в тишине
побелевших от снега тюрбанов
по душе, позабывшей о сне
в этой каменной роще тюльпанов

* * *

a damp flag on a great wall,
a flock of gulls darts through the sky:
I've seen this before in a dream,
but now I'm clearing away the snow,
blizzard over bosphorus and sea vessels
wail in the dark like gypsies,——
a golden bracelet from the sea floor
stolen in a harborside dive
jangles somewhere in the silence
among turbans gone white from the snow
as if praying for souls that will never sleep
in this marble grove of etched tulips

. . . немногих слов на лентах языка,
но слишком неразборчива рука
и древо опускается во тьму,
затем, что непостижная уму
из тысячи невидимых ключей
сплетается во тьме среди корней
и новый намывает алфавит —
ручей петляет, дерево горит.

* * *

... a few words on ribbons of language
in a scrawling hand wrapped around
a tree hanging low in the darkness,
incomprehensible to the human mind
from a thousand invisible keys
interlaced in the dark between roots,
a new alphabet deposits—
a brook dodges, a tree burns.

* * *

когда не останется больше причин,
я выйду в сугробы ночного проспекта,
где плавают голые рыбы витрин
и спит молоко в треугольных пакетах, —
в начале начал, где звенит чернозем,
я буду из греков обратно в варяги,
и женщина в белом халате подъем
сыграет на серой, как небо, бумаге

* * *

when no more reasons remain,
I head out into snowdrifts on the evening avenue
where shop windows swim like nude fish
and milk sleeps in triangular packets,—
in the beginning began, where black soil rings,
I'll start with the greeks and work back to the varangians,
while a woman in a white robe plays reveille
on a piece of paper gray as the sky

* * *

на дне морском колючий ветер
гоняет рваные пакеты,
а где-то в небе крутит вентиль
жилец туманной андромеды,
и дождь стучит над мертвым морем,
соленый дождь в пустыне света,
как будто щелкает затвором
создатель третьего завета,
но стрелы падают сквозь тучи,
не достигая колыбели,
по-колыбельному певучи,
неотличимые от цели

* * *

barbed winds at the bottom of the sea
strew torn paper bags,
and somewhere in the sky a tenant
of hazy andromeda turns on the tap—
rain pattering over the dead sea,
salt rain in a desert of light,
as if the third testament's
creator is clicking a shutter,
arrows falling through storm clouds,
never reaching the cradles,
melodious as choristers,
indistinguishable from the target

* * *

низко стоят над москвой облака
сквозь облака ледяного валька
стук раздается в сырой темноте
всадники с гнездами на бороде
едут по улицам свищут в рожок
и покрывается пленкой зрачок
птичьим пером обрастает рука
в белом зрачке облака облака

* * *

clouds hang low over Moscow
an iced-over swingletree clatters
echoes across the sodden dark
horsemen with nests for beards
ride up the road blowing horns
eyes coated in a layer of bird
feathers an arm covered
in white eyes clouds clouds

А.К.

какой-нибудь полузабытый мотив
на старом базаре, и сердце разбито,
а в небе качается белый налив
и тянется вдоль переулка ракита —
какой-нибудь малознакомый квартал,
где снежную бабу катали из глины
я знаю! там желудь за шкафом лежал,
а мимо несли бельевые корзины,
их ставили в небо одну за другой,
и двигались простыни над головой

* * *

A.K.

some half-forgotten tune
in an old bazaar and a broken heart,
white apples reeling in the sky
as a broom scrapes the length
of an unfamiliar neighborhood alley
where snowmen are balls of clay
I know it!—there's an acorn back
behind the cabinet, linen baskets
next to sheets hanging overhead,
swaying one after the other

*   *   *

эта музыка в нас, как вода подо льдом
безымянной реки, уходящей винтом
сквозь ворованный воздух в сады облаков,
и горит сухостой вдоль ее берегов,
а потом на земле остывает зола —
эта музыка в нас, как дерсу узала,
незнакомой породы слова за щекой, —
что ты мелешь, старик!
я иду за тобой

* * *

this music in us, like water beneath
a nameless river's ice, streaming
through stolen air in a garden of clouds,
burning dead stands of trees along its banks,
and then cinders cool on the ground—
this music in us, like dersu uzala,
words of an unknown strain behind the cheek,—
what are you rattling on about, old man!
I'm following you

CHERRIES

* * *

Афанасию Мамедову

1.

«Алла-алла!» —
по черным веткам
крепостных кипарисов каспийский ветер
шелестит, налетая на зимний город.
«Алла-алла!» —
музейный сторож,
старый бакинец, пальто в побелке,
перебирает ключи, как рыбу
перед базаром. Он отворяет
двери в гробницу, но сам не входит.
У рассеченного кипариса
ждет, поднимая ладони к небу.

<blockquote>
Я прикрыл створку и остался один
в голых стенах. Посреди склепа
застыли семь каменных надгробий.
Они были похожи на лодки
(или вагонетки), вмерзшие
в холодный известняк.
Кто лежал под этими лодками?
Когда отправились в путь?
Несколько строк куфической вязью —
вот и всё, что от них осталось:
</blockquote>

«Величайшего шаха поэт придворный,
оды писавший, певший гимны,

* * *

to Afanasy Mamedov

1.

"Allah-Allah!"—
A Caspian wind rustles the darkened
branches of sturdy cypresses,
springing up in this wintry town.
"Allah-Allah!"—
a museum guard,
an old Bakinets in a whitewashed overcoat,
flips through his keys like a fish
at market. He opens the tomb's
door, but doesn't enter.
He waits near the cleaved cypresses,
lifting his hands in prayer.

> I cover the shutter and remain alone
> against the bare wall. Seven gravestones
> within the crypt, paralyzed.
> Reminiscent of boats
> (or trolley cars), frozen
> into the cold limestone.
> Who is lying within these boats?
> When did they set out?
> Several lines of Kufic elms—
> that's all that remains:

"The most esteemed Shah and court poet,
having both written and sung hymns,

ныне печальный я стих слагаю.
В год восемьсот девяностый хиджры
умер Халиллуалла!
Под этим
камнем лежат его прах и кости».

Кто бы узнал о тебе, скажи мне,
князь Апшерона, имевший земли
от Шемахи до Шеки и дальше?
Кабы не строчка на камне, ныне
кто бы с тобой перемолвил слово?
Как ни ложись ты, каким узором
ни покрывай на руках запястья,
прах отличает от пыли время.
Но и оно проходит.

today, with sorrow, I pile up their verse.
In the year eight hundred and ninety
hijra death Halleluallah!
beneath these stones lie his ashes and bones."

Tell me, who would know of you,
King of Apsheron, with land
from Shemakh to Shekhi and beyond?
If not a Kaby mark on stone, who,
today, would exchange words with you?
It matters little how you lay, how intricate
your bracelets' designs, for your ashes
will be dust in time, which also too will pass.

2.

На третий день мы решили
поехать за город, в сторону Баилова.
Я слышал, там еще сохранились
нефтяные вышки братьев Нобель,
и мне почему-то хотелось их видеть.
День стоял погожий—
когда море сливается с небом,
за два ширвана таксист в ушанке,
в прошлом московский инженер-химик,
подбросил нас на холм по трассе
и высадил подле большой мечети.
Эту мечеть построили недавно,
она лоснилась, как эклер,
на фоне портовых кранов.
Обмотав голову платком от ветра,
ты осталась у парапета
и смотрела вниз, на слепое море.
Я же полез по сыпучему склону,
где лежал террасами старый погост,
и чем выше я забирался, тем меньше
становился твой силуэт; тем старше
казались камни; тем больше
сухой травы в головах кустилось.
Какие-то норы и дыры зияли в земле,
и просто обломки могильных склепов:
всё перемешалось наверху. Ничего
не разобрать—только воздух
ревет и грохочет в ушах все время.

2.

On the third day we decided
to head out of town in the direction of Bailov.
I'd heard the oil derricks of Nobel's brothers
were still out there
and for some reason I wanted to see.
It was a gorgeous day—
the sea flowed into the sky—
for two *shirvans* a taxi driver in earflaps,
previously a Moscow chemical engineer,
tossed us around over a hill in its direction,
and dropped us off beside a large mosque.
The mosque
built not long ago, still shone,
like an éclair against a backdrop
of port cranes.
With a shawl wrapped around your head
from the wind, you remained on the parapet
and looked down on the blind sea.
I lay down on the loose slope,
where there'd been an old graveyard with terraces,
and the higher I reached the smaller
your silhouette became; the older
the stones seemed; the dryer
the grass with tendrils shooting out.
Some burrows and holes gaped in the earth,
fragments of sepulchral vaults:
everything swirled above. Nothing
was clear—the air roaring and rumbling

... Так они и лежали,
продуваемые гирканскими ветрами:
пятки наружу, без имени-отчества,
в своих неуютных дырявых норах,
а ржавые башни братьев Нобель
всё кивали и кивали
головами.
И тогда я подумал: умру, пусть
крошится камень и пятки мерзнут,
пусть выдувает слова на плитах
ветер — или гоняет мусор —
буду ворочаться с боку на бок,
то лицом на восток, то лицом на север,
и повторять на чужом наречье:
«Алла-алла!» —
по ночам пересчитывая
качалки.

in my ears the whole time.
. . . . So they lay down,
the Girkansky winds blowing,
their bleak, worn forms,
and the rusty towers of Nobel's brothers
continued nodding their heads.
And I thought: I'm dying, let
the stones crumble and heels freeze,
let the words blow out onto the gravestones
wind—or dashing garbage—
I will turn from side to side,
now facing the east, then the north,
and repeat a name in a foreign dialect:
"Allah-Allah!"—
counting the rocking derricks
at night.

ЗАПАХ ВИШНИ

моим родителям

«Мне нужно выговориться, вот что»
(это чужая, не моя строчка).
Прошло уже—сколько?—почти полгода:
лето, осень, вот и февраль проходит,
а я все никак не могу ни строчки.
Каждое утро собираю свои бумажки,
выхожу на кухню к плите поближе
и смотрю за окно, где на белом фоне
носится рыжий соседский пудель.

Итак, этим летом я жил на даче
(дача была не моя, чужая—
друзья разрешили пожить немного).
В Москве этим летом воняло гарью—
где-то в округе горел торфяник.
Даже в метро голубая дымка!
А тут полчаса по Казанской
железной дороге
и ты на веранде—глядишь как солнце
бьется весь вечер в еловых лапах.

Утром рынок: говядина и картофель,
помидоры, арбуз и на вечер водки.
А потом на матрасе листал журналы—
«Юность» листал, «Огонек», «Ровесник»,
когда же смеркалось, то ставил мясо,

THE SCENT OF CHERRIES

for my parents

"I need to make something clear"
(these are another's, not my lines).
After how long?—almost half a year:
summer, fall, February all passed
and I couldn't write a single line.
Each morning I'd gather up my paper,
head into the kitchen close to the stove,
stare out the window, where my neighbor's
reddish poodle dashed against a white backdrop.

For that summer I lived out at a dacha
(the dacha wasn't mine, but another's—
friends who let me stay there for a while).
That summer Moscow reeked of something burning—
nearby a peat bog was in flames.
Even the metro stations were wrapped in a blue haze!
But there, just a half hour out on the Kazan rail line,
you stood on the veranda—watching the sun catch in the fir trees.
In the morning to the market: beef and potatoes,
tomatoes, melon and vodka for evening.

And then I lay down on a mattress and flipped
through old journals: *Yunost*, *Ogonyok*, *Rovesnik*,
when it grew dark I threw on the meat,
cut up the vegetables, and took a bottle out of the water—
arranging the feast on an oil-cloth draped table with maple leaves.

В это лето на даче я сочинял пьесу
(это была чужая, не моя идея —
написать пьесу; один театр
заказал мне драму из прошлой жизни).
Классика жанра: любовь и море.
И чтобы ружье под конец стреляло.
Тогда, что ни день, полистав журналы,
я поднимался наверх, в мансарду.
Открывал машину и всех героев
выпускал на волю: поболтать, побегать.
Знаете, как бывает, если пишешь пьесу?
Дашь им слово, такой шум поднимут —
перессорятся, передерутся:
еле успеваешь следить за ними!
А тут еще на соседней даче:
«Ксюша, Сережа, идите кушать!»
«Ваша подача, Антон Иваныч!».
«Дима, ради бога, угомони собаку!»

И вот, подбираясь по ходу пьесы
к револьверу, который лежит на полке,
я увидел в окно, как летит по небу
красный мячик —
и падает мне под окна.

That summer at the dacha I wrote a play
(it was another's, not my idea
to write a play; a theater
had commissioned a drama from another life).
Something from the classical genre: love and the seaside.
And a pistol must be feared near the finale.
Each day, after flipping through more journals,
I headed up into the garret.
I opened my laptop and all the heroes
poured out at will: babbling and dashing around.
You know what it's like to write a play?
You give them words and they create a ruckus—
quarreling with each other
barely enough time to keep track of them all!
And over at the neighbor's dacha:
"Ksyusha, Seryozha, come eat!"
"Anton Ivanich, your serve!"
"Dima, for God's sake, quiet that dog!"

And then leading the play to the final scene
with the revolver which lays on the shelf,
I stared out the window and saw a red balloon
floating through the sky—
falling beneath my window.

2.

«Я собираю женщин и монеты!» —
он запахнул халат на белом брюхе
и снова запыхтел душистой трубкой.
«Я тоже собирал когда-то . . .» — «Женщин?»
«Да нет же, я . . .» — «Мой друг, они похожи!
У каждой есть и возраст, и цена.
Знакомьтесь, это Машенька. Жена.
Год выпуска . . .» — «Не слушайте, скажите:
так это вы на даче у соседей?»
«Оставили ключи пожить немного»
«А мы на ужин щуку по-ильински!
Останетесь на щуку?» — «Что, в сметане?»
«Конечно» — «Ну, тогда иду за водкой»
«Еврейская?» — «Другая здесь не в моде»
«Я вижу, вы давно на этой даче».

И вот уже по воздуху горячий
и пряный дух плывет.
По щучьему веленью помидоры,
облепленные луком и петрушкой,
да розовый с прожилками редис,
и наконец распаренная щука
раскинулась в разваренной картошке —
и смотрит, смотрит, смотрит на меня
побелевшими
глазами.

И мы сидим — и час, и два, и три.

2.

"I collect women and old coins!"—
Wrapping his white belly in a robe
he once again inhaled the fragrant pipe.
"I also used to collect . . ."—"Women?"
"No, I . . ."—"My friend, they're all alike!
Everyone has an age and a price.
Please meet Mashenka, my wife.
Set free a year . . ." "No listen, tell me:
you're staying next door?"
"They left me the key so I could stay for a while."
"Well, we're having pike for dinner—local Ilinsky style!
Want to stay for pike?"—"In sour cream?"
"Of course." "Then I'll go get some vodka."
"Jewish?"—"Anything else would be unfashionable."
"I see that you've been at the dacha for some time."

And the air was instantly hot
and spicy on the breath.
As if by magic the tomatoes
clung to the onions and parsley,
and streaked rose with radishes,
and finally the steamed pike
spread on a bed of roasted potatoes
staring back at me with
steamed white
eyes.

And we sat for an hour, two, three.

Звенят над абажуром комары,
стучит хвостом собака по настилу
и разговор, как водится, на даче
течет рекой под старый патефон,
который нам опять поет по кругу:

Фокстрот «Жемчуг»
Летка-Енка
вальс «На сопках Манчжурии»
«Ленинградские мосты»
и попурри «Девушка из Майами»

И тут его жена, всплеснув руками,
уходит в дом, гремит в дому посудой
и наконец торжественно выносит
тарелку черных жирных ягод —
и водружает посреди стола.
«Поверите? Когда-то здесь была
усадьба, вот уже не помню
каких князей, и был вишневый сад,
огромный сад на этом самом месте» —
«Владельцем был какой-то скандинав,
имевший капитал на перевозках» —
«И что же, ничего не сохранилось?» —
«Ну, кое-что с тех пор еще осталось.
В купальне ловят щуку, да конюшни,
где муж нашел копейку Николая . . .» —
«Я собираю женщин и монеты!» —
«. . . да несколько деревьев тут и там,
с которых мы снимаем эту вишню».

Mosquitoes buzzed under the lampshade,
the dog's tail drummed on the floorboards
and our conversation, as always, when at the dacha,
flowed along its way while an old phonograph
spun out tunes:

the foxtrot "Pearls"
"Letka-Enka"
the waltz "On Manchurian Summits!"
"Leningrad Bridges"
and the medley "Girl from Miami"

Then his wife suddenly clapped her hands together,
left the room—dishes clanking through the house—
and eventually brought a plate of plum black berries
back into the room.
She placed it squarely on the table.
"Can you believe that ages ago there was
an estate right here, though I can't remember
which nobleman, and there was a cherry orchard,
an enormous orchard on these very grounds"—
"The landowner was a Scandinavian,
he'd made his money in rail cargo"—
"Nothing remains?"—
"Well, something pops up from time to time.
Pike swim under the bathhouse, and my
husband found a Tsar Nicholas coin in the stables."
"I collect women and coins!"—
". . . and a few trees here and there,
from which we gathered these cherries."

«Какой-то просто чеховский сюжет!»
«Возьмите, правда. Это вам на завтрак.
Как говорится, с барского куста.
А блюдо как-нибудь потом вернете».
. . . .
. . . . . . Собака проводила до ворот
и я пошел вдоль пыльного забора
к себе домой в еловой темноте,
какая только здесь, на подмосковных,
бывает ближе к осени ночами.
Не ягоды, но сладкий запах вишни
я нес тогда, как облако, в руках.
Над головой, расталкивая звезды,
курсировала щука по-ильински,
и я, закрыв глаза, увидел сад,
где ягоды качаются на ветках
и солнце пробивается сквозь листья.
Когда и где я встретил эту вишню?
Очкарик из начальной школы, как
попал тогда я к этому забору,
который мне сорвать ее мешает?
Вот я, открыв калитку, захожу
в чужие огороды — обмирая
от страха, обрываю с этих веток
и слышу женский голос у ворот:
«Понравилась тебе чужая вишня?»
. . . .
«Ну что же ты не ешь?» — передо мной
стоит бидон отборных ягод,
а женщина в дверях, и глаз не сводит,

"Take these with you. For breakfast.
From a gentleman's shrubs, as they say.
And the dishes somehow return."
. . . .
. . . . . . A dog being led by a collar
I walked along a dusty fence
towards my home in the spruce dark,
which here, outside Moscow,
is nearer to an autumn evening.
No berries, but the sweet scent of cherries
I carry like a cloud in my hands.
Overhead, stars awake,
Ilinsky-style pike sway back and forth,
and closing my eyes I can see the garden,
berries swinging in the branches
as the sun breaks through the leaves.
When and where did I come upon those cherries?
A goggle-eyed schoolboy, how
did I end up along that fence,
keeping me at armslength from the berries.
Opening the fence gate, I step
into someone else's vegetable garden—snapping
off a branch I freeze in my tracks upon hearing
a woman's voice at the gate:
"Do you like taking other people's cherries?"
. . . .
"Why don't you try one?"—before me
stands a large tin of choice berries
and the woman at the door, without taking her eyes off me,
wipes her fingers down a blue apron,

она перебирает синий фартук,
а после очень тихо говорит:
«Пока не съешь, не выпущу отсюда».
И там, в дверях, садится на скамейку.
. . . . . Сперва одну, затем другую вишню
я вынимаю (пальцы ледяные!),
затем пригоршнями заталкиваю разом,
размазывая слезы по щекам,
а женщина все смотрит на меня
своими потемневшими глазами
и кажется вот-вот сама заплачет.
. . . .
«Теперь ты понял?» — «Понял» — «Ну, иди».
Я встал из-за стола. «Постой. Умойся.
Куда же ты теперь такой чумазый?»
И мы идем на кухню, где вода.
Она берет мое лицо в ладони,
цветастым полотенцем вытирает,
а после прижимает к животу
и я стою, уткнувшись носом в фартук.
Он теплый, этот фартук, и шершавый.
И вкусно пахнет жареной картошкой.

and then very quietly says:
"I will not let you leave until you finish them all."
And there, in the doorway, she sits down on a bench.
. . . . . First I take just one, then another
cherry (ice-cold fingers!),
then start shoving them in by the handful,
wiping tears from my cheek,
and the woman watches me
with a darkening gaze
beginning to cry a bit herself.
. . . .
"Now do you understand?"—"Understood."—"Now go."
I get up from behind the table. "Wait. Let's clean you up.
Where do you think you're going looking so filthy?"
We go into the kitchen, to the water.
She takes my face in her hands,
wipes them off with a multicolored towel,
and then I stand pressed to her stomach,
my nose buried in her apron.
The apron is warm and rough.
The delicious scent of fried potatoes.

3.

А на следующий день я закончил пьесу.
Револьвер — представляете? — дал осечку:
только море осталось шуметь в ремарках.
И тогда я решил, что пора обратно —
хватит уже куковать на даче.
Вещи в сумку, сложил машину,
запер дом, а ключи затолкал под кровлю,
и пошел, не оборачиваясь, на поезд.

Там, на дачной веранде,
(теперь она похожа на вагон,
у которого нет ни колес, ни стекол),
осталась тарелка. Стоило мне уйти,
как ее тут же облепили осы.
Жадные, неуклюжие, они набросились
на гнилую вишню, и скоро вся тарелка
была покрыта их желтыми полосатыми
спинками.

. . . А я стоял в тамбуре у разбитых окон
и вдыхая горячих копченый воздух,
думал о том, что никогда не узнаю:
кто была эта женщина? жива ли она?
и если да, то помнит ли меня
как помню я?
«Да что вишня! — размышлял я. — Мы
даже о себе толком ничего не знаем.
Как родители нас, например, зачали?

3.

I finished the play the following day.
And the revolver?—it misfired:
in the stage directions all that remained was the sound of the sea.
Then I decided it was time to go back—
I'd had enough cuckooing around the dacha.
I shoved my things into a bag and packed,
locked up the house, shoved the key under the roofing
and left for the train, never once turning around.

There on the dacha's veranda
(similar to the train car,
in which there are no wheels or glass),
the plate remained. A few minutes after I left
wasps began to swarm.
Greedily, clumsily they pounced on the rotting
cherries, and soon the plate
was coated in yellow-striped backs.

. . . And I stood in the railway car by the shattered window
breathing in the hot smoking air,
running over things I'll never know:
who was that woman? is she still alive?
and if so, would she remember me
the way I remember?
"And those cherries!"—I thought back.—We
clearly don't even know that much about ourselves.
Like, for example, how our parents conceived us?
At home? At the dacha? In a sleeping car?

Дома? На даче? В спальном вагоне?
Ночью или, скажем, после обеда?
И кто первым на живот положил руку?
А может быть это случилось в прихожей
после разлуки, прямо на мокрых шубах?
Слушайте, ведь это все важные вещи!
Надо бы уточнить, пока они еще живы . . .»
. . . .
В это время наш поезд влетел в столицу —
замелькали заборы, бетонные эстакады,
а я все стоял и перебирал варианты.
Один, другой, третий . . . И знаете, что?
Тот самый, на мокрых шубах,
мне нравился все больше и больше.

At night, or, as they say, after lunch?
And who was the first to place a hand on the belly?
What if it happened in a front hallway
just after coming home, straight onto damp fur coats?
Listen, these are all important things!
I must know the answers while they're still alive . . ."
. . . .
Our train arrived at the capital—
towers flashed by, concrete overpasses,
as I continued running through versions in my head.
One, two, three . . . And you know what?
The idea of, in a front hallway, on damp fur coats,
I'm liking more and more.

«МУРАНОВО»

«Может быть, счастье — это только случайное спряжение мыслей, не позволяющее нам думать ни о чем другом, кроме того, чем переполнено наше сердце. Кто из нас мог анатомировать эти мгновения, такие короткие в человеческой жизни? — Что до меня, то я об этом никогда не думал».

1.

. . . машина понеслась на холостом
под гору, где река, и сходни в небо,
и камыши вытягивают воду.
Бросив руль, она смотрела на солнце:
дрожит, как пуговица на нитке.
Искала, не могла найти, сигареты.
Я спросил: «Чем кончилось дело?»
«Украденные вещи мы вернули.
Я его, конечно, налупила.
Но толку — что? Его отец решил,
он в Англию отправится на лето,
а после перейдет в другую школу».
«И всё?» — «Всё». Колеса заскрипели
по гравию. «Давай зайдем в палатку», —
и пуговица в зеркале застыла.
«Продайте нам вино и сигареты!»

"MURANOVO"

Perhaps happiness is but a chance conjugation of ideas, which permits us to think about only that which fills our hearts. Who among us is able to dissect these moments, so brief in human lives? As for me, I have never been able to figure them out.

1.

. . . the car tore down the hill in neutral,
towards the river and gangplank to the sky—
and reeds extended into the water.
Abandoning the steering wheel, she looked at the sun:
trembling like a button on a thread.
She looked but couldn't find any cigarettes.
I asked: "Was that the end of the story?"
"We returned everything that had been stolen.
I, of course, thrashed him, but it was pointless.
In what sense? His father had decided
he would go to England for the summer,
then transfer him to another school."
"Is that it?"—"That's it." The wheels
crunched over the gravel. "Let's stop at the tent"—
And the button stiffened in the mirror.
"We'd like some wine and cigarettes!"

2.

Мы обошли кругом добротный,
в английском стиле дом.
Дощатая веранда на боку
висела, как стрелковая кабина.
Башня приземистая, с бойницами.
Не дом — настоящий бронепоезд.
Зато знаменитые луга! от порога
они спускались плавно, лениво
и снова за рекой вставали, как волны.
А солнце садилось, забирая
небо розовой рябью до горизонта.
Здесь, в аллее, совсем стемнело.
Я поднял голову. «Могучие
и сумрачные дети», — процитировал.
«Смотри, огонь», — кивнула. В полумраке
едва мерцала красная лампада.

2.

We wandered around inside
a sturdy English-style home.
The planked veranda hung
off the side like a fire cabin.
A tower with embrasures.
Not a home—a modern day armored train.
And also a celebrated meadow! they floated
lazily downstream from the rapids
rising like waves along the river
and the sun set, rose colors
swelling over the horizon
and dark avenues.
I lifted my head, "Powerful
and gloomy children"—I cited.
"See—lights"—she nodded. An icon
lamp flickered faintly in the twilight.

3.

«Ушла, когда его отдали в школу, —
она легла в траву и закурила. —
Потом сошлись, опять расстались.
Так и рос на два дома. Где мы?»
«Этот был женат удачно — большая
для русского поэта редкость.
Выстроил дом, занимался лесом.
Досками торговал, но разорился.
Написал "Сумерки", лучшую книгу,
и был, судя по всему, счастлив.
Умер внезапно, в Неаполе. Ничего
толком не успел увидеть».
«. . . а потом осталась одна
и, чтобы не сойти с ума, поехала с ним
в Италию. Рим, Равенна, Феррара —
через месяц вернулась другим человеком».

3.

"I left, after we placed the boy in school,—
she lay in the grass and smoked.
Then I returned, only to leave him again.
Our son grew up sharing two homes. Where are we?"
"He was happily married—amazingly rare
among Russian poets.
Built a home, spent time planting trees.
Dealt in wooden boards, but lost everything.
Wrote *Twilight*, his best book,
and was, to all outward appearances, happy.
While travelling, he died suddenly in Naples.
Never had time to really see the country."
". . . and after I was left alone,
and so as not to go mad, I took my son with me
to Italy. Rome, Ravenna, Ferrara—
after a month I returned a completely changed woman."

4.

Я подошел к дому, заглянул в окна.
Посреди комнаты на паркете
лежали серые пятна.
Было видно кое-какую мебель.
Ширмы; люстра; огнетушитель
стоит, как часовой, у двери.
Я собрался уходить, но вдруг
тени по углам зашевелились.
Кто-то снулый вышел на середину:
с ногами в кресло, накрылся пледом.
Другой на корточках между окон
устроился. Включил транзистор –
загорелся зеленый огонь эфира.
Они сидели без света, и мне
показалось, что я слышу голоса.
Но я ошибался. Они молчали.

4.

I went up to the house, peered in the windows.
In the middle of the room, on the parquet floor,
lay a gray grease-like stain.
Some furniture was also visible.
Screens, chandelier, fire extinguisher
standing sentry at the door.
I was ready to leave when a shadow
in the corner stirred.
Someone's silhouette moved into the middle:
feet on an armchair, covered up with a robe.
Another crouched down between the windows,
turned on a transistor radio. The green blast of a broadcast.
They sat without light, and I thought I heard a voice.
But I was mistaken. They were silent.

5.

«Решила окунуться. Подержи».
Сунула в руки тряпичный узел.
Сорочка, джинсы, комочки белья:
теплая ткань пахла свежим хлебом,
пылью и бензином. Я уткнулся
в одежду, медленно поднял глаза.
Она встала на краю сходен,
и теплый торфяной воздух
тут же облепил голое тело:
тонкая голень, крупные ягодицы.
Присела, соскользнула, исчезла
под речной кожей. «Вода — сказка!» —
долетело через минуту с того берега.
Я стал смотреть во тьму и скоро
увидел под водой молочное мерцание.
Раздвигая воду, она возвращалась.

5.

"I've decided to go for a swim. Hold these"—
she slipped her clothes into my arms.
Chemise, jeans, panties rolled up in a ball:
warm clothing with the scent of fresh bread,
dust and gasoline. I buried myself
in the clothes, slowly lifting my eyes.
She stood on the edge
of the gangplank and the warm peat air
swarmed over her naked body:
slim legs, the curve of her ass.
She sat down, slid into the water, vanishing
beneath the river's skin. "The water's perfect!"—
gliding to the other bank a few moments later.
I watched in the dark and caught
sight of a milky glimmer·beneath the surface.
Drawing the water aside, she'd returned.

6.

Черные зрачки сосков, мокрая
арабская вязь на лбу. Прижалась
вся: бедрами, животом, грудью —
скользкие плечи в помарках ряски.
Одежда намокла, но сквозь холодный
хлопок хлынуло тепло. Оно
разливалось, как темное молоко,
по всему телу. И я закрыл глаза.
Тысячи темных аллей,
где огни вспыхивают и гаснут
во влажных еловых складках,
расходились лучами во все стороны.
А мы стояли на мокрых сходнях,
и теплый торфяной воздух
стягивал кожу, как бинт, всё туже,

и боялись пошевелиться.

6.

Darkened nipples, damp hair on her brow
twisted into an Arabic character. I embraced
her in the duckweed: thighs, stomach,
breasts, graceful shoulders.
She soaked my clothing, but her warmth
swelled through the water's chill,
spread like dark milk over my body.
And I closed my eyes.
One thousand dark avenues,
where lights blaze and then fade
in damp spruce folds,
rays of light dissolving in all directions.
And we stood on the damp gangplank
and the warm peat air
drew our skin more taut, like bandages

and we were too afraid to move.

LARDERS

Д. Т.

Обрастаешь стихами, как будто вторая кожа
первой поверх покрывает лицо и руки;
даже вещи всё больше похожи на рифмы Блока
или на Фета, его наливные звуки, —

обрастаешь вещами, и вещи пускают корни,
шкаф или штору подвинуть — уже проблемы:
высыпают приставки и суффиксы, только дёрни,
гладкие плавают в мыльной воде морфемы.

Обрастаешь собой, открывая в себе чуланы,
комнаты, где не погашен огонь, ампира
бесконечные лестницы — набережные канала, —
бродишь всю ночь и не можешь найти сортира.

* * *

D. T.

Overgrown with poetry, like a second skin,
the first covering my face and hands;
all of these more similar to the rhymes
of Blok or even Fet, his fluid sounds—

Overgrown, over time these things take root
as you push aside the dresser or blinds—already
there are problems—prefixes and suffixes pour out,
awash in the soapy water of morphemes.

Overgrown with oneself, a maze of larders,
rooms, where the electric light is always on,
endless staircases—channel embankments—you can
wander yourself the entire night and never find a toilet.

* * *

«Царство небесное,
кровь с молоком».
Что же так ноет
под левым крылом?

Нету ни капли во фляжке.
Мусор какой-то, бумажки.

Синий халатик
висит на крючке.
Пьяный архангел
на медном ключе

что-то тихонько играет.
Ветер в стропилах гуляет.

Пусто на лестницах!
Нет никого,
кто бы ответил:
зачем? для чего

эти стальные прилавки?
Просит архангел добавки -

суп из пакетика
и облака.
Смерть бесконечна,
а жизнь коротка.

* * *

"Heavenly Kingdom,
blood with milk."
What's moaning like that
beneath the left wing?

      Not a single drop in the flask.
      Some trash, scraps of paper.

A blue robe
hangs on a hook.
A drunk archangel
on a copper key

      plays something ever so softly.
      The wind in the roof beams.

Empty stairs!
No, no one—
who would have answered
and why? what are these

      steel counters for?
      The archangel asks for more and gets—

instant soup
and clouds.
Infinite death,
an abbreviated life.

Тает монетка ментола во рту.
Плечики тихо стучат на ветру.

Спичек и соли;
фонарик в горсти.
«Не ошибись,
выбирая
пути».

A menthol pill for heartache.
Hangers gently ringing in the wind.

Matches and salts;
a flashlight cupped in the hands.
"Don't stop . . .
yesterday's gone."

$$* \quad * \quad *$$

Четыре дня над городом фрамуги
и ржавое железо грохотали -
четыре ночи мяло ветром реку,
блестевшую, как черная копирка,
когда же южный ветер перестал
и две сырых звезды упали в небо,
то стало над рекой тепло и тихо —
и первый раз все в городе уснули.

Тогда всю ночь во влажной тишине
вода в реке неслышно опускалась.
Она ушла, и сморщенное дно,
как старческие дёсны, оголилось,
и люди утром реку не узнали.
«Наверно, шлюзы». — «Да, наверно шлюзы».
«Такое тут весной бывает часто».
«Смотрите, человек внизу гуляет!»

И точно, там внизу, едва заметный
среди речного мусора — на дне,
какой-то человек бродил по лужам,
дорогу утверждая лыжной палкой
(как если бы ходил на трех ногах!),
и солнечные блики разбегались
кругами по воде, пока он шел
по дну реки, воды не замечая.

Казалось бы, ну что ему на дне?
А он всё бродит по низу и бродит,

* * *

Rusting iron and transoms crashed
over the city for four days,
for four nights the wind kneaded the river,
reflecting like black copy paper,
and two gray stars fell through the sky
when the southern wind ceased,
growing warm and quiet over the river—
and for the first time everyone in the city slept.

Then all through the night in the damp silence
water in the river fell inaudibly.
It vanished, and the river bed grew
wrinkled, like exposed elderly gums
and by morning people didn't recognize the landscape.
"It's probably the floodgate." "Yeah, probably the gate."
"This happens every spring."
"Look, there's a person walking down below!"

And it was true—down there, barely visible
amongst the river garbage—at the bottom,
someone wandering among the puddles,
making their way with a ski pole
(as if moving on three legs),
and the patches of sun dispersed
in circles on the water, as he headed
to the river bottom, not noticing the water.

One wonders—what's he doing down there?
Wandering along the bottom, as if what

как будто перед ним руины башен,
и Фивы семивратные открылись,
и вовсе не забытый богом хлам,
но книга на песке — и надо книгу
во что бы то ни стало прочитать,
покуда наверху закрыты шлюзы.
. . . .
Когда в твоем окне течет река,
она, не покидая берега,
повсюду проникает, промывая
до блеска в доме каждую вещицу, —
она всю ночь работает по дому
и только утром тихо отступает,
а вещи остаются, именами
забытыми, как реки, обладая.

stood before him were the ruins of towers,
seven gates of Thebes revealed,
trash certainly not forgotten by god,
and a book in the sand—a book he ought
to read, whatever that means
while the floodgates above remain closed.

. . . .

When your window looks out on a river
not leaving its banks, percolating
all around, every little thing in your
place bathed in splendor, working
the entire night at home,
receding quietly only in the morning,
as things are left behind, forgotten
names, like rivers, possessing.

Москва! несгораемый ящик
моих неземных платежей—
пропал полированный хрящик
в бурьяне пустых площадей.

На римских руинах Манежа
гуляют столичные львы,
уносят высотные краны
на небо фрамуги «Москвы».

Наденешь резиновый плащик
и в путь не касаясь земли.
Я был неумелый рассказчик:
ладони в кирпичной пыли.

Зашейте меня, как военный
пакет за подкладку—Москва!
и гонят по небу, как пленных
полвека назад, облака.

* * *

Moscow! a fireproof box
of my heavenly recompense—
a polished hog went missing
in the weeds of the barren square.

Capital lions stride through
Roman ruins on the Manezh,
high-rise cranes carry transoms
of hotel "Moscow" into the sky.

You put on a rubber raincoat
and never touch the ground.
I was an unskillful storyteller:
palms in brick dust.

Sew me up, like a military
package in some lining—Moscow!
and race into the sky, like prisoners
from half a century ago, clouds.

«Смотри —
как выросла за лето
рука пророка
Даниила!»
По желтым улицам
Ташкента
видать, она меня
водила . . .

Скрипел айван
и пахло пловом,
белела в темноте
известка.
А вдоль айвана
шла корова
и на ходу жевала
звезды.

Куда еще?
Анхор сквозь пальцы
бежит как рисовые
зерна. Весь вечер
ждут Сусанну
старцы. У них
глаза как прежде
черны.

А я тебя таким
запомню: твой

* * *

See how
the Prophet Daniel's
arm has grown
all summer long!
Watch it lead
me over Tashkent's
yellowed streets . . .

The creak of the ayvan
and scent of plov,
as slaked lime grows
white in the dark.
A cow strides by
munching stars
along the way.

Where else?
The Ankhor flows through
fingers like grains
of rice. The elders
waited for Susanna
all evening. Their
blackened eyes.

And this memory
of you: the scent
of bread at dawn.
Wandering
quarries,

хлебный запах
на рассвете.
Я все твои
каменоломни
пройду с фонариком
вот этим.

И пусть болит
пустой в кармане
рукав пророка
Даниила.
«Я собираю эти камни!»
«Смотри -
как выросла
        могила . . .»

lantern
in hand.

An ache in limbless
pockets and the ever
growing sleeves
of the Prophet Daniel.
I'm gathering up
these stones!
See how the tomb grows.

* * *

Сад Люксембурга и Парк Победы,
вязы на острове Маргариты—
в этом лесу еще есть просветы,
красные в сумерках
габариты.

Иллюминация из Поднебесной
посередине пути земного:
колется воздух, и листьям тесно,
и начинается всё
по новой.

Девочки в пачках! парижский вечер,
небо затянуто пленкой дыма.
Вот—кто-то знакомый идет навстречу,
и, улыбаясь, проходит
мимо.

* * *

Luxembourg Garden and Victory Park,
elms on Margarita island—
shafts of sunlight remain in these woods,
sidelights gorgeous
at dusk.

Illumination from the Heavenly Kingdom
in the midst of this earthly way:
pricked by air and tangled leaves,
and everything once again is
anew.

Ballerinas in the garden! a Paris evening,
the sky covered in a layer of smoke.
A familiar figure heads this way,
smiles and walks
by.

* * *

. . . дерево. Оно
стояло во дворе, у глухой стены,
как арестант. Старое, сморщенное.
Безымянное.
Про себя я так и называл его: «Дерево».
Оно считалось мертвым, но когда
я прикладывал ухо, слышал,
как шелестят листья.
Все листья, что шумели на нем когда-то.
Выше дерево врастало в стену —
где находилось мое жилище.
Чужие сны пахли медом и морем.
Но сразу же забывались.

Я прожил здесь год, писал:

> *«Как странно вечерами одному*
> *бродить среди классических фасадов,*
> *как будто опрокинутых во тьму,*
> *оглохшую от мокрых снегопадов . . .»*

В сумерках,
когда воздух загустевает,
я различал под землей реки.
Хлопки невидимых окон.
Да и сам я казался призраком.
Сколько раз, боже мой!
по дороге в пустую квартиру,
я поднимался на Зверев мост.

* * *

. . . a tree. Stands
in the courtyard, like a condemned
man against a brick wall,
Aged, wrinkled.
Anonymous.
I name it: "Tree."
It seemed dead, but with
an ear placed against it
I could hear every leaf
that's ever rustled.
The tree has grown up into the wall
of where I'm staying.
Strange dreams of mead and the sea
drift by, forgotten.

While living there for a year I wrote:
>How strange on evenings for one
>to wander among classical façades,
>as if capsized in the dark,
>deafened by the damp snowfall . . .

At dusk,
with the air grown heavy,
I could feel underground rivers.
An invisible window rapping.
As if I'd risen as a specter.
How many times, my God!
wandering through a vacant apartment,
ascending Beast Bridge.

Соборы, башни, купола —
лежали на дне канала, как гнезда.

Разоренные. Пустые.
А я почему-то вспоминал дерево.
«Как оно у стены будет?
Сон показать — и тот некому».
Медленно шел обратно.

«Мы ведь, в сущности, так похожи —
говорим, а сказать ничего не можем.
Даже сны, и те смотрим чужие.
Просыпаемся — и ничего не помним».

И тогда я увидел их.
Размером с наперсток,
в красных хоккейных шлемах,
они ходили по крыше
и громыхали задвижками,
открывая форточки созвездий.
Не город, но пятипалубный корабль
зажигал огни — и поднимался наверх.

Я видел, комья земли и глины, срываясь,
падали в сторону спальных районов.
Моллюски, водоросли, рыбы мерцали в небе,
облепив корни, —
и только темная ветка всё стучала и стучала в окна.

Cathedrals, towers, cupolas
lay like lairs at the bottom of the canal.

Ravaged. Vacant.
And for some reason I recalled that tree.
"How is it doing against the wall?
A dream shows—there's no one."
Slowly goes back.

After all, in essence, we are similar—
we speak, but we cannot say anything.
Even the dreams we see are someone else's.
We wake—remembering nothing.

And then I saw them.
Thimblesized,
in red hockey helmets,
running along the roof
as bolts rumbled,
opening panes of the constellations.
No city, but a five-decked ship
ablaze—lifted upwards.

I saw mud clods slipping down,
falling in the direction of bedroom communities.
Mollusks, seaweed, fish glimmering in the sea,
plastered over roots,—
it's only a dark branch rapping at the window.

. . . Ее узор,
мелкий, как след скарабея,
сошел со стекла утром.
Ни слова я не запомнил.
Но с тех пор, как только
начинают поскрипывать звезды,
мне кажется, этот язык
утрачен не безвозвратно.
Однажды он вернется
и будет самым прозрачным
среди языков, которые
мы когда-нибудь
обретали.

. . . Its pattern,
fine as a scarab
descending the morning glass.
I don't recall a single word.
But since then, as soon as
the stars begin to creak,
it seems as if this language
is not irretrievably lost.
One day it will return
to be the clearest
of all languages
we've ever
found.

В ночь на субботу шел последний снег.
Он был похож на кольца мокрой шерсти
как будто наверху овечье стадо
стригут - а шерсть бросают вниз
и вздрагивают липовые ветки,
роняя эти кольца на бульваре.

В ночь на субботу шел последний снег.
По снегу, оставляя черный след
шел человек, и снег ему казался
большой зимы немыслимым началом:
как если бы стоял не месяц март,
а приближалось время Козерога.

Смешно? Смешно. Конечно же, смешно.
В кармане у него билет на море.
К тому же дача, он хотел за лето
веранду перебрать и перекрасить.
А тут зима. «Хорошенькое дело!
Как незаметно лето пролетело . . .».

Так думал человек - и улыбался.
И не жалел о том, что получилось.
А снег все падал кольцами на землю,
раскачивая липовые ветки,
и стриженые овцы на бульваре
жевали снег, зимы не соблюдая.

* * *

Snow fell last on Saturday night.
A ring of damp wool
like a herd of sheep
shorn from on high, the wool
casts down, startling linden branches
shedding along the boulevard.

Snow fell last on Saturday night.
A man's prints trailing black in the snow,
and to him it seems an immense
winter with an unfathomable beginning:
as if it wasn't now March
but Capricorn drawing near.

Isn't that funny? Hilarious. Quite funny.
In his pocket, an unused ticket
to the seashore and he'd also meant
to repaint the dacha's veranda.
But now it's winter. "Can you believe it!
Summer has imperceptibly flown . . ."

So he thought and smiled.
Not regretting what hadn't happened.
Snow fell to the ground in a ring,
the linden branches swayed,
and the shorn sheep chewed snow
on the boulevard, oblivious to winter.

Три месяца почтовая бумага,
табак и неразрезанные книги
идут к нему из города в деревню—
"Что нынче в Петербурге, милый Гнедич?
Я вдалеке от вас ужасно болен
и целый день сижу в моей беседке,
сложивши на столе тетрадь и перья . . ."

"*Что празднуют сегодня люди Рима?*"
Зачеркнуто. "*Какое торжество
над стогнами всемирныя столицы?*" —
"Писать охота смертная, мой Гнедич,
но где сыскать слова для сладких звуков?
Я нынче начал пьесу; видит Бог,
то будет сочинение на славу . . ."

Тем временем закрыли переправу.
Идут коровы, слышен стук ведра,
и пахнет свежей стружкой со двора.
"*Я не вступлю при плесках в Капитолий!*"
Зачеркнуто. "*Добыча злой судьбины,
теперь стою над бездной роковой!*"
Но тут сестра зовет его домой,
поскольку—ужин. Жареные грузди,
холодная телятина под хреном,
бараний бок, да гречневая каша,
да матовая рюмка русской водки.
"Мне в целом свете все теперь постыло,
и если проживу еще десяток,

They bring to him from a town in the country
three months of note paper, tobacco, and untrimmed books.
"What's the news from Petersburg, dear Gnedich?
I'm far from you, terribly ill
I do nothing but sit in my summerhouse the whole day,
having piled the table with a notebook and quills . . ."

"Pray tell why Rome's people are today so festive?"
Crossed out. *"What celebration on the squares
of the world capital?"*
"To write a dying wish, Gnedich,
but where to find words for such sweet sounds?
I began a poem. God sees,
it'll be a composition of praise . . ."

Meanwhile they closed down the crossing.
The cows come, hearing the rap of the pail,
and the smell of fresh cuttings from the yard.
"I will not step to wild applause upon Capitoline!"
Crossed out. *"A plaything of cruel fate,
now I stand over the fated abyss!"*
But sister calls it home,
since dinner. Fried mushrooms,
cold veal with horseradish,
sheep flank, buckwheat kasha,
and a frosted glass of Russian vodka.
"Everything in the world is now hateful,
and if I last another decade,
most likely, my Gnedich, I'll go mad . . ."

наверное, сойду с ума, мой Гнедич . . ."
. . . .
В деревне полночь. Спят. Горит одно
окошко в целом доме, но оно
окно сестры. Она читает письма,
потом свеча, взмахнув тенями, гаснет.
"Сорренто! колыбель печальных дней,
где я в ночи как трепетный Асканий
бежал, вручив себя волнам на милость . . ."

Тем временем на небо взгромоздилась
зеленая, как яблоко, звезда,
всю ночь она качается на ветке,
но наш певец не зрит звезды в эфире,
поскольку спит, судьбу в слова вплетая,
и только вологодские коровы,
пригнув рога, бредут на Капитолий.

. . . .
It's midnight in the country. They're asleep.
A single window in the house burns, but it's
his sister's window. She's reading a letter,
and then the candle, flickering into shadow, goes out.
"Sorrento! the cradle of sorrowful days,
where at night as if a trembling Askany
I ran, having delivered myself to the waves in grace . . ."

Meanwhile, a star clambered into the sky,
green as an apple
swaying the entire night on a branch,
our bard does not gaze upon the stars
in the ether as he's asleep, fate intertwining
words and only the Vologodsky cows,
bowing horns, shuffle to Capitoline.

* * *

Окликни меня у Никитских ворот
и лишний билетик спроси по привычке.
"А помнишь, в "Оладьях" — вишневый компот
и как на домах поменяли таблички?"

       Здесь были когда-то "Пельмени"
       и водка бежала по вене

актера, который умрет, отыграв
премьеру в театре, и ляжет на полку
"Повторного фильма" в Калашных рядах,
навеки зашторив свои телескопы.

       "Так что же ты, Господи, медлишь?
       И сколько еще мне намелешь?"

Вот "Рыба", а в "Рыбе" судак на гвозде,
вот палтус, как связка с ключами от храма,
где нас обручали в сырой темноте
и лавочки спят в полосатых пижамах.

       Горит вознесенская свечка.
       Стучит за подкладкой сердечко.

Повторного фильма последний сеанс!
В пустом кинозале скрипят половицы.
Но это кино было только про нас.
И эта комедия не повторится.

Call to me by the Nikitsky gates,
ask for an extra ticket, out of habit.
"Do you remember, cherry compote at 'Fritters Café'
and how they switched the plaques on homes?"

Here stood "Pelmeni"
where vodka flowed through the veins

of an actor, who died, having won back
his role as lead, only to be buried in the "Recurring Film"
archives on Kalashny row,
forever drawing the blinds on his telescope.

"My God, why are you so slow?
How long must you let me go?"

There's "Fish," and inside "Fish" a pike on a nail,
there's a halibut, like a sheaf with keys to the temple,
where we were betrothed in the murky dark,
benches sleeping in striped pajamas.

An ascension candle burns.
The heart knocks under lining.

Last showing at the Recurring Film!
Floorboards creak in the empty theater.
This film was only about us.
And this comedy won't be repeated.

* * *

Как долго петляет дорога
среди потемневших озер.
Скрипит вдоль дороги осока,
и плещется в небе осетр.

Станица Березовый Мостик —
в запруде гуляет звезда.
Уснули вчерашние гости:
шуршит в головах береста.

А в синих, как лампа, курганах
гудят по ночам огоньки.
Сидят в полосатых тюрбанах
вокруг очага мужики,

бросают свинцовые кости
и пьют голубое вино,
где плавают мокрые звезды
и тихо ложатся на дно.

How long have these roads
weaved between darkening lakes.
Sedges creaking along the way,
sturgeons splashing in the heavens.

In the Cossack village Birch Footbridge
stars stroll through the pond.
The evening guests have dozed off:
birch bark rustles in their heads.

And bluish burial mounds, like
lamps, hum under evening lights.
Muzhiks sit around the hearth
in striped turbans,

throwing leaden dice
and drinking sky-blue wine,
where damp stars swim
silently at the bottom.

гуди, гуди — мой черный ящик,
на пленку сматывай, пока
мой привередливый заказчик
не обесточил провода —
пока потрескивает сверху
его алмазная игла
я не закрою эту дверку —
мне по душе его игра,
в которой медленно и тускло,
без препинания и шва,
слова прокладывают русло
реки наверх — а жизнь прошла

* * *

rumble black box rumble,
reel in the tape until
my fickle client
cuts power to the leads
while his diamond needle
crackles from on high
I won't shut the door—
I like his game,
how slowly and hazily,
seamless and sans punctuation,
words pave the way to river
beds on high—as life slipped by

* * *

человек на экране снимает пальто
и бинты на лице, под которыми то,
что незримо для глаза и разумом не,
и становится частью пейзажа в окне —
я похож на него, я такой же, как он
и моя пустота с миллиона сторон
проницаема той, что не терпит во мне
пустоты — как вода — заполняя во тьме
эти поры и трещины, их сухостой —
и под кожей бежит, и становится мной

* * *

someone onscreen removes an overcoat,
bandages from the face, beneath which
nothing's visible to the eye, beyond reason,
becoming part of the window's landscape—
I'm similar to him, I'm the same,
my million-sided void permeates
that which cannot bear this void
within me—like water—these pores and fissures,
their dryness filling in the darkness,
shifting beneath the skin—becoming me

прозрачен как печатный лист,
замысловат и неказист,
живет пейзаж в моем окне,
но то, что кажется вовне
окна, живет внутри меня—
в саду белеет простыня,
кипит похлебка на огне,
который тоже есть во мне
и тридцать три окна в дому
открыто на меня – во тьму
души, где тот же сад, и в нем
горит, горит сухим огнем
что было на моем веку
(кукушка делает «ку-ку») —
и вырастает из огня
пейзаж, в котором нет меня

* * *

a landscape within my window
thin as a printed sheet,
intricate and oddly compelling,
but that which seems outside
the window exists within me—
sheets whitening in the garden,
pottage boiling on the fire,
which also is within thirty
three cottage windows
open to me
in the depths of the soul
in that garden, where
what was my era burns,
burns with a dry flame
(the cuckoo "coo-coos")—
and the landscape grows from
the flame, in which I am not

ДЖЕМА-АЛЬ-ФНА

«Спутник находится в мертвой зоне . . .

. . . . находится в мертвой зоне . . .»

Марракеш!

Розовые десны старого города.

Белые спутниковые тарелки

зря сканируют небо –

ни дождя, ни фильма небо им не покажет.

Погасла черная теле-кааба.

И город под вечер идет на площадь.

Головы. Головы.

Головы. Головы. Головы.

Голос на башне хрипит и стонет.

Все на молитву! но голос никто не слышит.

Сотни рук выстукивают барабаны.

Сотни губ вытягивают флейты.

Сотни ртов выкрикивают слова—

и площадь затягивает меня в воронку.

«Что бы вы хотели, мсье?»

слышу возбужденный шепот.

«Qu'est-ce que vous voulez?» —

Я отмахиваюсь:

«Не хочу смотреть гробницы Саадитов».

«Не хочу слушать сказки тысячи и одной ночи».

«Не хочу пробовать печень хамелеона»

DJEMAA EL-FNA

"The satellite's in the dead zone . . .

. . . . in the dead zone . . ."

Marrakech!
Rose-colored gums of the old city.
White satellite dishes
vainly scanning the heavens—
revealing neither rain nor films.
The black Tele-Kaaba cubes dim.
And toward evening the city moves to the square.

Heads. Heads.
Heads. Heads. Heads.
A hoarse voice from a turret groans.
Everyone to prayer! But no one hears the voice.
Hundreds of hands beat drums.
Hundreds of lips play flutes.
Hundreds of voices shout—
and the square funnels me in.

"What would you like, messieurs?"
I hear in an excited whisper.
"Qu'est-ce que vous voulez?"—

I wave him away:
"I don't want to see the Saadian tombs."
"I don't want to hear the thousand and one nights."
"I don't want to taste chameleon liver."

«Ни будущее, ни прошлое менять не желаю».

«Так что бы вы хотели, мсье?» —
не унимается тип в полосатой джеллабе.

«Можешь мне вернуть «я»?» — спрашиваю.
«Нет ничего проще, мсье!»
Он покорно опускает веки —
виден лиловый узор, которым они покрыты.
«Идем до квартала двойников.
Тому, кто твой, положишь руки
на темя — так, смотри».
Грязные ладони складываются «лодочкой».
«И все?» — «Все». Улыбаясь, он
обнажает кривые белые резцы.
«Combien? — Сколько?» — «Сколько
Аллах подскажет сердцу».

Широкая, как жизнь, площадь
стекает в адские трещины улиц.
Утроба города урчит и чавкает.
В темноте на прилавках
ломятся все сокровища мира. Но где
полосатый балахон?
Еле успеваю в толпе за провожатым.

«Пришли!»
Под коврами, в шерстяном капюшоне
некто уставился в пустой телевизор —
рядом на ступеньке чай, лепешка.

"In neither future nor past do I want to trade anything."

"Then what would you like, messieurs?"—
the character in the striped jellabe won't give up.

"Can you return me to myself?"—I ask.
"Nothing could be simpler, messieurs!"
He submissively lowers his eyelids—
revealing a pattern sketched in purple.
"We'll go to the city quarter of doubles.
Place your hands on top of your
double's head—like this."
He shows me his filthy palms formed
into a small "boat."
"Is that it?"—"That's it." He smiles,
revealing curved, white incisors.
"Combien?—How much?"—"Allah
will let your heart know the cost."

The square flows like liquid
into the narrow fissures of streets.
The belly of the city rumbles, tramples.
Everyone weighed down with worldly
treasures at darkening counters.
But where is that striped balakhon?
I can barely keep up with my guide in the throng.

"This way!"
Beneath rugs, someone in a woolen hood
stares at a blank television screen—

Он подталкивает: «Пора, друг».

Замирая от страха, складываю руки, и –

. . . .

. . . .

«Я — продавец мяты, сижу в малиновой феске!»

«Я — погонщик мула, стоптанные штиблеты!»

«Я — мул, таскаю на спине газовые баллоны!»

«Я — жестянщик, в моих котлах лучший кускус мира!»

«Я — кускус, меня можно есть одними губами!»

«Я — ткач, мои джеллабы легче воздуха!»

«Я — воздух, пахну хлебом и мокрой глиной!»

Теперь, когда меня бросили одного посреди медины, я с
ужасом понял, что я — это они: продавцы и погонщики,
зазывалы и нищие, ремесленники и бродяги; что я
смотрю на мир их черными глазами; вдыхаю дым кифа
их гнилыми ртами; пробую мятный чай их шершавыми
губами; сдираю шкуру с барана их заскорузлыми руками;
что мне передалась тупая поступь старого мула; то,
как зудит лишай на бездомной кошке. Я хотел найти
себя, но стал всеми! всеми! стою — и не могу сойти с
камня . . .

. . . .

В этот момент вспыхивают экраны —

спутник вышел из мертвой зоны!

и город отворачивается к телевизору.

А я застыл посреди базара

и не понимаю: кто я? что со мной?

«Мсье!» — слышу над ухом строгий голос.

Это говорит офицер, патрульный.

near the steps are set tea, a small flat cake.
He nudges me: "It is time, my friend."
Frozen in fear, folding hands, and—

. . . .
. . . .
"I am a purveyor of mint sitting in a raspberry fez!"
"I am a drover of mules in worn out boots!"
"I am a mule carrying gas tanks on my back!"
"I am a tinsmith, my caldrons hold the world's finest couscous!"
"I am couscous, you can eat me with a single lip!"
"I am a weaver, my jellabes are lighter than air!"
"I am air, the scent of bread and damp clay!"

Now when they leave me one amidst the medina, I'm terrified to realize that I am them: purveyors, drovers, urged on and destitute, artisans and tramps; that I see the world through *their* black eyes; inhaling kief smoke from *their* rotting mouths; I taste the mint tea with *their* rough lips; I tear at sheep skin with *their* calloused fingers; I take on the dull gait of an old mule; the inflamed sores on a stray cat. I wanted to find myself but became them! all of them! Rooted there, unable to peel myself off the pavement . . .

. . . .
Then the TV screens blaze, flashing on as
the satellite moves out of the dead zone!
and the city turns to its televisions.
I froze in the middle of the bazaar
and do not remember: who am I? what am I doing?
"Messieurs!"—I hear a stern voice say above me.
A patrol officer is speaking.
"Your papers, messieurs!"

«Ваши документы, мсье!»

—Мне кажется, что я не существую . . .

—Кому кажется, мсье?

"It seems I do not exist . . ."

"To whom does this seem, messieurs?"

ACKNOWLEDGMENTS

Thank you to the editors of the following journals and anthologies for publishing earlier versions of these translations: *Ars Interpres*, *Asypmptote*, *Jacket*, *The Kenyon Review*, *The Poker*, and *Contemporary Russian Poetry: An Anthology* (Dalkey Archive, 2008).

For Daniel Weissbort.

Gleb Shulpyakov is a poet, prose writer, and essayist. He was born in Moscow, graduated with a degree in journalism from Moscow State University, and currently lives in Moscow, where he serves as chief-editor of *Novaya Yunost* (*New Youth*) literary magazine. He is a translator of Ted Hughes, Robert Hass, and W. H. Auden's poetry into Russian. Shulpyakov's books of travel essays, *Persona Grappa* and *Uncle's Dream*, were published in Russia in 2002 and 2005. He is also the author of the guide *Cognac*, and novels *The Book of Sinan* (2005), *Tsunami* (2008), and *Fez* (2010). His first full-length book of poetry, *The Flick*, was published in Russia in 2001, the same year he was awarded a Triumph Prize for his poetry. His most recent collection of poetry is *Acorn* (2007).

Christopher Mattison graduated with an MFA in Literary Translation from the University of Iowa and is currently a senior editor at the Chinese University Press in Hong Kong. His translations and original work have appeared in such journals as *6x6*, *Jacket*, *Kenyon Review*, *The Poker*, *Modern Poetry in Translation*, *St. Petersburg Review*, *Two Lines*, and *Ars Interpres*. His books of translation include Dmitri Aleksandrovich Prigov's *50 Drops of Blood in an Absorbent Medium* (Ugly Duckling Presse) and the forthcoming *Eccentric Circles: Selected Prose of Venedikt Erofeev* (Twisted Spoon Press).